BEI GRIN MACHT SICH IHR WISSEN BEZAHLT

Leistungsbezogene Vergütung. Aufgaben, Ziele und Formen der variablen Vergütung

Amelie Stöhr

Bibliografische Information der Deutschen Nationalbibliothek:

Die Deutsche Nationalbibliothek verzeichnet diese Publikation in der Deutschen Nationalbibliografie; detaillierte bibliografische Daten sind im Internet über http://dnb.d-nb.de abrufbar.

ISBN: 9783346401939
Dieses Buch ist auch als E-Book erhältlich.

Druck und Bindung: Books on Demand GmbH, Norderstedt Germany
Gedruckt auf säurefreiem Papier aus verantwortungsvollen Quellen

Das vorliegende Werk wurde sorgfältig erarbeitet. Dennoch übernehmen Autoren und Verlag für die Richtigkeit von Angaben, Hinweisen, Links und Ratschlägen sowie eventuelle Druckfehler keine Haftung.

Das Buch bei GRIN: https://www.grin.com/document/1010865

Inhaltsverzeichnis

1. Einleitung

Als Folge der Globalisierung und der zunehmenden Dynamik auf den Arbeitsmärkten ist es wichtiger denn je, qualifizierte Mitarbeiter an ein Unternehmen zu binden.[1] Das stärkste Instrument der Mitarbeiterbindung ist nach wie vor das Gehalt.[2] Jedoch dient es nicht nur zur Mitarbeiterbindung, sondern ist auch ein Instrument der Mitarbeitersteuerung. Um dieses Spektrum der Steuerungsmöglichkeiten jedoch ausschöpfen zu können genügt es nicht, einem Mitarbeiter ein angemessenes Gehalt zu zahlen.[3]

In den vergangenen Jahrzehnten griffen daher immer mehr Unternehmen auf eine variable und leistungsbezogene Vergütungsform zurück, die von Unternehmen zu Unternehmen sehr individuell ausgestaltet sein kann. In der Vergangenheit hatten nur wenige Führungskräfte oder ganz bestimmte Berufsgruppen einen variablen Gehaltsanteil.[4] Mittlerweile bieten aber fast 50% aller deutschen Unternehmen eine Form der leistungsorientierten Vergütung an.[5]

Im Rahmen des hier vorliegenden Scientific Eassys wird dieser Ansatz der Vergütung genauer betrachtet. Nach einer kurzen Einleitung werden die Ziele speziell aus Sicht der Unternehmen erörtert und verschiedene beispielhafte Vergütungsmodelle beschrieben. Abschließend werden auf Basis aktueller Diskussionen Vor- und Nachteile der variablen Vergütung gegenübergestellt, um im Anschluss zu einer zusammenfassenden Schlussbetrachtung zu gelangen.

---

[1] Vgl. *Hohmann, S.*, Motivationskraft, 2015, S. 111
[2] Vgl. *Milz, M.*, Leistungsorientierte Vergütung, 2016, S. 76
[3] Vgl. *Kampkötter, P./Laske, K./Sliwka, D.*, Vergütung in Deutschland, 2015, S. 10
[4] Vgl. *Curti, H./Wenzel, J.*, Transparente Vergütung, 2018, S. 73
[5] Vgl. *Kampkötter, P./Laske, K./Sliwka, D.*, Vergütung in Deutschland, 2015, S. 10

2. Der Ansatz der leistungsbezogenen Vergütung

Der Ansatz der variablen und leistungsbezogenen Vergütung beruht auf einem einfachen Prinzip. Das gezahlte Gehalt eines Mitarbeiters setzt sich aus zwei Teilen zusammen. Neben einem meist marktüblichen oder tariflich bestimmten Fixgehalt erhält der Mitarbeiter darüber hinaus eine von seiner Leistung abhängige Zusatzzahlung. Je erfolgreicher der Mitarbeiter seine Aufgaben erfüllt, desto höher wird diese Zusatzzahlung sein.[6]

Hierbei kann der variable Anteil durch objektive Kriterien, wie Stückzahlen oder durch subjektive Kriterien, wie Leistungsbeurteilungen durch eine Führungskraft bestimmt werden.[7]

Das Prinzip des Vergütungssystems sollte fair und transparent sein. Zudem sollten die Unternehmen individuell auf die Fähigkeiten der Mitarbeiter eingehen und angemessene Kriterien und Ziele festlegen. Hierzu sollte akzeptiert werden, dass verschiedene Mitarbeiter unterschiedlich leistungsstark sind und unterschiedliche Bedürfnisse haben.[8]

---

[6] Vgl. *Giorgetti, S.,* Fair und leistungsgerecht, 2013, S. 60
[7] Vgl. *Biemann, T./Silwka, D./Weckmüller, H.,* Produktivität, 2011, S. 47
[8] Vgl. *Milz, M.,* Leistungsorientierte Vergütung, 2016, S. 76

3. Aufgaben und Ziele der leistungsbezogenen Vergütung

Die Ziele, die ein Unternehmen durch die Nutzung eines leistungsbezogenen Vergütungssystem verfolgen, können sehr unterschiedlich sein. Im folgenden Kapitel sollen, neben weiteren Zielen die drei zentralen Hauptaufgaben näher beleuchtet werden.

Die erste Aufgabe eines leistungsbezogenen Vergütungssystem entsteht aus der Definition der Bemessungskriterien und Zielgrößen. Werden diese effektiv ausgewählt und ausführlich genug an die Mitarbeiter kommuniziert, kann jeder Mitarbeiter die Erreichung der Unternehmensziele aus seiner Tätigkeit ableiten. Die Mitarbeiter verstehen in welche Richtung sich das Unternehmen entwickeln möchte und wie sie selbst zum Unternehmenserfolg beitragen können.[9] Diese Funktion dient nicht nur als Orientierung für das Handeln der Mitarbeiter, sondern lässt dem Mitarbeiter auch die Sinnhaftigkeit in seiner Tätigkeit erkennen und kann als Informationsfunktion bezeichnet werden.[10]

Die nächste Aufgabe von leistungsbezogenen Vergütungssystemen ist die Selektionsfunktion. Durch die Verbindung der Vergütung mit der erbrachten Leistung, entsteht ein direkter Zusammenhang zwischen der Tätigkeit des Mitarbeiters und der Höhe seiner Vergütung. Dieses Prinzip steigert die Notwendigkeit, die vorgegebenen Ziele des Unternehmens zu erfüllen. Hiervon fühlen sich vor allem leistungsbereite Mitarbeiter besonders angesprochen. Mitarbeiter, die weniger leistungsbereit sind, werden von einer solchen Art der Vergütung eher abgeschreckt.[11] Somit entsteht langfristig gesehen ein Personalstamm, der grundsätzlich eher dazu bereit ist Leistung zu erbringen und auch in die eigene Leistung zu vertrauen.[12] Hierbei ist jedoch zu beachten, dass die persönlichen Ausgangssituationen der Mitarbeiter unterschiedlich sind und es Gründe für unterschiedliche Leistungsniveaus gibt. Daher bietet die variable Vergütung durch die Vereinbarung von individuellen Zielen die Möglichkeit, Mitarbeiter nach der Ausschöpfung ihres persönlichen Potentials zu vergüten.[13]

---

[9] Vgl. *Eyer, E./Hausmann, T.*, Zielvereinbarung, 2018, S. 16
[10] Vgl. *Biemann, T./Silwka, D./Weckmüller, H.*, Produktivität, 2011, S. 46
[11] Vgl. *Biemann, T./Silwka, D./Weckmüller, H.*, Produktivität, 2011, S. 48
[12] Vgl. *Bernard, U.*, Leistungsvergütung, 2006, S. 39
[13] Vgl. *Milz, M.*, Leistungsorientierte Vergütung, 2016, S. 76

Die dritte zentrale Aufgabe eines variablen und leistungsbezogenen Vergütungsmodell ist die Motivationsfunktion. Diese Zielvorstellung ist die am häufigsten geführte Diskussion im Rahmen der variablen Vergütung, da es hierzu zahlreiche Studien gibt.[14] Es steht mittlerweile außer Frage, dass die Nutzung eines variablen Vergütungssystems einen Effekt auf die Motivation des Mitarbeiters hat. Dieser kann jedoch sowohl positiv als auch negativ sein und hängt von verschiedenen Faktoren ab.[15] Als Voraussetzung, dass sich ein variables Vergütungssystem positiv auf die Motivation der Mitarbeiter auswirkt, muss dieses von den Mitarbeitern akzeptiert werden. Um das Level der Akzeptanz zu erreichen, muss der Mitarbeiter das System und seine Wirkungsweise vollkommen verstehen und es muss ersichtlich sein, dass beide Seiten davon profitieren.[16] Denn einer der wichtigsten Aspekte, um die erzeugte Motivation aufrecht zu erhalten, ist das Gefühl von Wertschätzung und Teamgeist.[17]

Die zuvor beschrieben zentralen Hauptaufgaben bilden nur einen Teil der Ziele und Funktionen ab, die ein Unternehmen durch die Nutzung eines variablen Vergütungssystems verfolgen kann. Insgesamt können diese Maßnahmen jedoch auf das Instrument der Mitarbeitersteuerung zusammengefasst werden.[18] Durch die Vorgabe von Zielen sind die Mitarbeiter gezwungen, eigenständiger und reflektierter zu arbeiten. Zudem entwickeln sie ein unternehmerisches und wertschöpfendes Denken und Handeln, sodass darüber hinaus eine stärkere Identifikation und Bindung mit dem Unternehmen entsteht.[19]

---

[14] Vgl. *Biemann, T./Silwka, D./Weckmüller, H.*, Produktivität, 2011, S. 46f.
[15] Vgl. *Ibrahim, A. A..*, Leistung nach Bezahlung, 2018, S. 64
[16] Vgl. *Milz, M.*, Leistungsorientierte Vergütung, 2016, S. 77
[17] Vgl. *Eyer, E./Hausmann, T.*, Zielvereinbarung, 2018, S. 16
[18] Vgl. *Kampkötter, P./Laske, K./Sliwka, D.*, Vergütung in Deutschland, 2015, S. 10
[19] Vgl. *Eyer, E./Hausmann, T.*, Zielvereinbarung, 2018, S. 17

4. Formen der leistungsbezogenen Vergütung

Es gibt unzählige leistungsbezogene Vergütungsmodelle, die von Unternehmen zu Unternehmen und von Tätigkeitsfeld zu Tätigkeitsfeld unterschiedliche Aspekte aufweisen. Im Rahmen dieses Kapitels sollen beispielhaft verschiedene Ausprägungen der Vergütungsmodelle erläutert und die klassischen Modelle kurz beschrieben werden.

Die wohl einfachste und älteste Form der variablen Leistungsvergütung ist der Akkordlohn. Man unterscheidet zwischen Stückakkord und Zeitakkord.[20] Hierbei verhält sich die Gehaltssteigerung in den meisten Systemen proportional zur Leistungssteigerung. Diese Form der variablen Vergütung wird jedoch immer seltener angewandt, da dieses Modell meist nur für einfache Produktionstätigkeiten geeignet ist und diese in den letzten Jahrzehnten immer häufiger automatisiert und nicht mehr von Menschen ausgeübt werden.[21]

Nachdem der Akkordlohn, aufgrund der sich verändernden Arbeitsbildern in den meisten Fällen nicht mehr anwendbar war, mussten neue Vergütungsmodelle entwickelt werden.[22] Eine weitere einfache variable Vergütungsform bietet hierbei die Beteiligung der Mitarbeiter an dem allgemeinen Unternehmenserfolg. Hierbei wird die allgemeine Leistung aller Mitarbeiter durch eine Bonuszahlung entlohnt, die sich von Mitarbeiter zu Mitarbeiter in der Höhe unterscheiden kann.[23] Diese Form der variablen Leistungsvergütung besitzt jedoch keinen großen Einfluss auf die individuelle Leistung und Motivation, da der Zusammenhang zwischen der eigenen Leistung und dem Unternehmenserfolg für den Einzelnen oftmals nur schwer zu erkennen ist. Somit kann das Unternehmen nur minimal von den Funktionen eines variablen Vergütungssystems profitieren.[24] Darüber hinaus kann es auch demotivierend für den einzelnen Mitarbeiter sein, da Trittbrettfahrer ebenso für ihre Leistung entlohnt werden wie Leistungsträger.[25]

---

[20] Vgl. *Wolf, G.*, Variable Vergütung, 2010, S. 9
[21] Vgl. *Bernard, U.*, Leistungsvergütung, 2006, S. 14
[22] Vgl. *Bernard, U.*, Leistungsvergütung, 2006, S. 14
[23] Vgl. *Kampkötter, P./Laske, K./Sliwka, D.*, Vergütung in Deutschland, 2015, S. 10
[24] Vgl. *Curti, H./Wenzel, J.*, Transparente Vergütung, 2018, S. 74
[25] Vgl. *Eyer, E./Hausmann, T.*, Zielvereinbarung, 2018, S. 88

Die heutzutage am häufigsten angewandte variable Leistungsvergütung leitet sich von der Vereinbarung von Zielvereinbarungen ab und ist somit deutlich individueller und flexibler als eine allgemeine Bonuszahlung, welche am Unternehmenserfolg bemessen wird. Hierbei werden für jeden Mitarbeiter individuelle Ziele definiert und einem variablen Gehaltsbestandteil zugeordnet. Nach einer zuvor definierten Zeit wird ein Zielerreichungsgrad ausgewertet, der die Höhe der Auszahlung bestimmt. Nach Ablauf der Zeitspanne können die Ziele und die Höhe des variablen Anteils neu verhandelt werden. Durch diese ständige Anpassung kann das Unternehmen sehr flexibel auf sich verändernde Rahmenbedingungen und die individuelle Leistungsfähigkeit eines Mitarbeiters reagieren.[26]

Bei der Festlegung der Zielvereinbarung müssen mess- oder zählbare Kriterien ausgewählt werden.[27] Hierbei kann zwischen Hard- und Softfacts unterschieden werden, welche nahezu gleichzusetzten sind mit quantitativen und qualitativen Zielen. Hardfacts werden in den meisten Fällen als sinnvollere Ziele erachtet, da diese keinen Interpretationsspielraum zulassen.[28] Softfacts wie die Kundenzufriedenheit werden eher als subjektiv und manipulierbar angesehen. Daher wird in den meisten Fällen eine Kombination aus beiden Arten genutzt.[29]

---

[26] Vgl. *Eyer, E./Hausmann, T.*, Zielvereinbarung, 2018, S. 16
[27] Vgl. *Milz, M.*, Leistungsorientierte Vergütung, 2016, S. 77
[28] Vgl. *Eyer, E./Hausmann, T.*, Zielvereinbarung, 2018, S. 35
[29] Vgl. *Milz, M.*, Leistungsorientierte Vergütung, 2016, S. 77f.

5. Vor- und Nachteile der leistungsbezogenen Vergütung

5.1. Vorteile

Aus den bereits in Kapitel 3 vorgestellten Funktionen leiten sich unter optimalen Bedingungen zahlreiche Vorteile ab. Je ausgereifter das Vergütungssystem ist, desto größer sind die positiven Effekte. Im folgenden Kapitel wird daher davon ausgegangen, dass das Vergütungssystem effektiv ausgestaltet wurde.

Mittels eines variablen und leistungsbezogenen Vergütungssystems erreicht man Fairness, Transparenz und Flexibilität in einem diffizilen Themengebiet. Bei Gehaltsverhandlungen geraten Mitarbeiter und Unternehmen oftmals auf gegenseitige Fronten.[30] Durch die gemeinsame Erarbeitung der persönlichen Zielsetzung für individuelle Mitarbeiter erhalten diese einen hohen Anteil an Selbstbestimmung. Sie können hierbei sogar oftmals die Höhe der Ziele selbst bestimmen und bekommen kein Ziel aufgezwungen. Somit entsteht Eigenmotivation, welche wirkungsvoller ist als Fremdmotivation.[31] Die Bereitschaft ein realistisches Ziel zu nennen und engagiert an diesem zu arbeiten, ist somit größer, da der Mitarbeiter nicht versuchen muss, die vom Unternehmen vorgegebenen Hürde möglichst gering zu halten. Dadurch profitieren sowohl die Mitarbeiter als auch das Unternehmen.[32]

Durch Tarifverträge erhalten viele unterschiedliche Mitarbeiter das gleiche Gehalt, wodurch sich vor allem die leistungsstarken Mitarbeiter nicht wertgeschätzt fühlen.[33] Grundsätzlich bietet die Möglichkeit, Mitarbeiter variabel zu vergüten, eine deutlich größere Vielfalt die individuellen Leistungen differenziert zu entlohnen. Somit gewinnt ein Unternehmen vor allem für leistungsstarke Personen an Arbeitgeberattraktivität, welche hilfreich bei der Recruitierung neuer Mitarbeiter oder der Bindung aktueller Mitarbeiter ist, wodurch sich gleichzeitig die Produktivität im Unternehmen erhöhen kann.[34]

---

[30] Vgl. *Milz, M.*, Leistungsorientierte Vergütung, 2016, S. 77
[31] Vgl. *Eyer, E./Hausmann, T.*, Zielvereinbarung, 2018, S. 18
[32] Vgl. *Milz, M.*, Leistungsorientierte Vergütung, 2016, S. 77
[33] Vgl. *Milz, M.*, Leistungsorientierte Vergütung, 2016, S. 76
[34] Vgl. *Hummer, B./von Hülsen, H.-C.*, Vorteil variable Vergütung, 2015, S. 62

Ein weiterer Vorteil durch das hohe Maß an Selbstbestimmung und Einfluss auf die Höhe des eigenen Gehalts ist die Entwicklung von Eigenverantwortung.[35] Mitarbeiter mit einem leistungsbezogenen Gehaltsanteil sind oft fokussierter auf die Erfüllung der Ziele und weisen eine höhere Bereitschaft zur selbstständigen Weiterbildung auf. Diese Art des selbstbestimmten Handels und Übernahme von Verantwortung kann eine eventuell einfache Tätigkeit aufwerten.[36]

5.2. Nachteile

Im folgenden Kapitel sollen die Nachteile erläutert werden, die durch ein variables und leistungsbezogenes Vergütungssystem entstehen können. Diese Nachteile entstehen jedoch nicht durch die reine Anwendung eines leistungsbezogenen Vergütungsmodells, sondern durch die Umsetzung eines nicht ausgereiften und nicht akzeptierten Systems, da es leicht zu negativen Effekten wie Fehl-Repräsentation und Fehl-Interpretation und starker Demotivation kommen kann.[37]

Neben der Gefahr der Demotivation wird die erzeugte Motivation selbst kritisiert. Durch den Einsatz eines finanziellen Anreizes kann nur extrinsische Motivation entstehen. Zudem kann eine möglicherweise zuvor vorhandene intrinsische Motivation durch die Auszahlung eines Bonus geschmälert werden, da intrinsische Motivation durch die Ausübung der Tätigkeit selbst erzeugt wird.[38] Darüber hinaus zählt nach der Zwei-Faktoren-Theorie von Frederick Herzberg, Geld zu den Hygienefaktoren, wonach es von sich aus keine Zufriedenheit erzeugen kann, sondern nur Unzufriedenheit verhindert.[39] Die Summe dieser verschiedenen Theorien kommt daher zu dem Ergebnis, dass die Vergütung der Leistung eines Mitarbeiters diesen nicht langfristig motivieren kann, sondern nur Demotivation verhindert. Zudem gewöhnt sich ein Mitarbeiter nach einiger Zeit an den finanziellen Anreiz, wodurch dieser immer wieder erhöht werden muss.[40]

---

[35] Vgl. *Giorgetti, S.,* Fair und leistungsgerecht, 2013, S. 60
[36] Vgl. *Milz, M.,* Leistungsorientierte Vergütung, 2016, S. 77
[37] Vgl. *Woiwode, H.,* Anreizorientierte Leistungsbewertung, 2016, S. 236/Vgl. *Bernard, U.,* Leistungsvergütung, 2006, S. 46f.
[38] Vgl. *Wolf, G.,* Variable Vergütung, 2010, S.21f.
[39] Vgl. *Ibrahim, A. A..,* Leistung nach Bezahlung, 2018, S. 64
[40] Vgl. *Milz, M.,* Leistungsorientierte Vergütung, 2016, S. 76

Darüber hinaus wird unterstellt, dass der Mitarbeiter nicht aus Eigenantrieb und intrinsischer Motivation seiner Arbeit nachgehen kann, sondern nur durch externe Reize, ohne die er nicht seine volle Arbeitskraft einsetzen würde.[41] Oft entsteht diese Einteilung der Leistungsfähigkeit jedoch erst durch den fehlerhaften Einsatz eines variablen Vergütungssystem. Die Gefahr des strategischen Spielens bei der Zielfestsetzung entsteht daher oft, wenn die Ziele nicht gemeinsam mit dem Mitarbeiter erarbeitet werden.[42]

Der letzte Aspekt bezieht sich auf die bereits mehrfach erwähnte Selektionsfunktion. Wie bereits beschrieben, empfinden leistungsstarke Mitarbeiter eine individuelle Vergütungsform als attraktiv und schwächere Mitarbeiter werden hiervon eher abgeschreckt. Hierbei werden jedoch Mitarbeiter, die ein besonders Sicherheitsbedürfnis haben, nicht berücksichtigt. Diese Mitarbeiter können zum einen eine hohe Leistungsbereitschaft aufweisen, bevorzugen jedoch aufgrund ihrer Persönlichkeit oder privater Umstände ein sicheres Fixgehalt. Der Mitarbeiter könnte eine Bereicherung für das Unternehmen sein, wird jedoch von dem Vergütungssystem abgeschreckt.[43]

[41] Vgl. *Milz, M.*, Leistungsorientierte Vergütung, 2016, S. 76
[42] Vgl. *Woiwode, H.*, Anreizorientierte Leistungsbewertung, 2016, S. 236
[43] Vgl. *Biemann, T./Silwka, D./Weckmüller, H.*, Produktivität, 2011, S. 48

6. Schlussbetrachtung

Laut des Kelly-Global-Workforce-Index bevorzugen bereits 2013 50% der Mitarbeiter eine leistungsbezogene Vergütung. Je nach Tätigkeitsfeld ist der Einsatz eines solchen Systems unterschiedlich effektiv.[44]

Daher sollte vor der Implementierung eines leistungsbezogenen Vergütungssystems genau überprüft werden, welche Ziele das Unternehmen verfolgen möchte. Die Einführung ist ein langwieriger und kostspieliger Veränderungsprozess, der ein hohes Maß an Akzeptanz unter den Mitarbeitern benötigt.[45]

Abschließend ist noch zu erwähnen, dass variable und leistungsbezogene Vergütungssysteme durchaus viele Vorteile für Mitarbeiter und Unternehmen bieten. Auch wenn nachweislich der Anreiz mit Hilfe eines Hygienefaktors wie Geld keine langfristige Zufriedenheit und intrinsische Motivation erzeugen kann, ist es dennoch wichtig der Unzufriedenheit der Mitarbeiter entgegenzuwirken, um im Vergleich mit anderen Arbeitsgebern konkurrieren zu können.[46]

---

[44] Vgl. *Giorgetti, S.,* Fair und leistungsgerecht, 2013, S. 60
[45] Vgl. *Hummer, B./von Hülsen, H.-C.,* Vorteil variable Vergütung, 2015, S. 64
[46] Vgl. *Gerding, S.,* Mittel zur Leistungssteigerung, 2014, S. 14f.

Literaturverzeichnis

Bernard, Ursin (Leistungsvergütung, 2006)
Leistungsvergütung - Direkte und indirekte Effekte der Gestaltungsparameter auf die Motivation, GWV Fachverlage GmbH

Eyer, Eckhard/Hausmann, Thomas (Zielvereinbarung, 2018)
Zielvereinbarung und variable Vergütung Ein praktischer Leitfaden – nicht nur für Führungskräfte Mit elf ausführlichen Fallbeispielen, 7. Auflage, Springer Gabler

Gerding, Sonja (Mittel zur Leistungssteigerung, 2014)
Variable Vergütung – Ein Mittel zur Motivations- und Leistungssteigerung von Mitarbeitern?, Igel Verlag

Weißenrieder, Jürgen (Nachhaltige Vergütungssysteme, 2019)
Nachhaltiges Leistungs- und Vergütungsmanagement -
Entgeltsysteme zwischen Status quo, Agilität und New Pay, Springer Gabler

Wolf, Gunther (Variable Vergütung, 2010)
Variable Vergütung – Genial einfach Unternehmen steuern, Führungskräfte entlasten und Mitarbeiter begeistern, Verlag Dashöfer GmbH

Quellenverzeichnis

Biemann, Torsten/Silwka, Dirk/Weckmüller, Heiko (Produktivität, 2011)
Finanzielle Anreize und Produktivität, PERSONALquarterly, 10/2011
https://www.wiso-
net.de/document/BVPN__707181c45273b3df40bc4ab6b7b8cba4ecc440d7
(Abrufdatum: 23.04.2020)

Curti, Henning/Wenzel, Jörg (Transparente Vergütung, 2018)
Warum Vergütung transparent sein muss, Personalmagazin, 08/2018
https://www.wiso-
net.de/document/PEMA__ae729a36908f3accf922731e3ebe1a11ea059185
(Abrufdatum: 23.04.2020)

Giorgetti, Stefano (Fair und leistungsgerecht, 2013)
Fair und leistungsgerecht, Personalwirtschaft, 10/2013
https://www.wiso-
net.de/document/PWI__af6885911e3f6d6b7790087645bac06f5678205a
(Abrufdatum: 23.04.2020)

Hohmann, Sebastian (Motivationskraft, 2015)
Die Motivationskraft materieller Anreizsysteme - Was Führungskräfte wirklich
wollen?, ZFO – Zeitschrift Führung Organisation, 02/2015
https://www.wiso-
net.de/document/ZFO__321e2a80c16a1a1b8607e748ce40a770d16ebcb4
(Abrufdatum: 23.04.2020)

Hummer, Bernd/von Hülsen, Hans-Carl (Vorteil variable Vergütung, 2015)
Vorteil variable Vergütung, Personalmagazin, 10/2015
https://www.wiso-
net.de/document/PEMA__54cbf4ea20ff926d1b8f83b55bf1aa41fb9f775a
(Abrufdatum: 23.04.2020)

Ibrahim, Ardalan Alexander (Leistung nach Bezahlung, 2018)
Pro und Contra Leistung nach Bezahlung, Personalmagazin, 07/2018
https://www.wiso-
net.de/document/PEMA__2710aaab3b8e0cd769daa46d34d90417212c7d04
(Abrufdatum: 23.04.2020)

Kampkötter, Patrick/Laske, Katharina/Sliwka, Dirk (Vergütung in Deutschland, 2015)
Variable Vergütung in Deutschland - ein Überblick, PERSONALquarterly,
03/2015
https://www.wiso-
net.de/document/BVPN__b2b29f4819f57809cc26658bd4ba90fc87dac9da
(Abrufdatum: 23.04.2020)

Milz, Markus (Leistungsorientierte Vergütung, 2016)
   Fair, transparent und selbstbestimmt - Leistungsorientierte Vergütung, Arbeit
   und Arbeitsrecht, 02/2016
   https://www.wiso-
   net.de/document/AUA__9b69ac334d585af673083d3eb79a70331c0397b9
   (Abrufdatum: 23.04.2020)

Woiwode, Hendrik (Anreizorientierte Leistungsbewertung, 2016)
   Anreizorientierte Leistungsbewertung - Welche unbeabsichtigten Effekte damit
   in öffentlichen Organisationen verbunden sind, ZFO – Zeitschrift Führung Organisation, 04/2016
   https://www.wiso-
   net.de/document/ZFO__904370533084091d30a6d9632fee644f7311d42e
   (Abrufdatum: 23.04.2020)